H. GUÉRANGER

USAGES RURAUX

La Révision dans la Mayenne

RÉPONSE

à un rapport du 20 Novembre 1905

DE

M. le Président de la Chambre des Experts
de l'arrondissement de Laval

LAVAL

IMPRIMERIE-LIBRAIRIE Ve A. GOUPIL

—

1906

H. GUÉRANGER

USAGES RURAUX

La Révision dans la Mayenne

RÉPONSE

à un rapport du 20 Novembre 1905

DE

M. le Président de la Chambre des Experts
de l'arrondissement de Laval

LAVAL

IMPRIMERIE-LIBRAIRIE Ve A. GOUPIL

1906

RÉPONSE

à un rapport du 20 Novembre 1905

DE M. LE PRÉSIDENT DE LA CHAMBRE DES EXPERTS

DE L'ARRONDISSEMENT DE LAVAL

I

Dans les différents écrits que j'ai publiés depuis quelques années sur les Usages, je me suis appliqué à indiquer les principes de droit et d'équité qui, à mon sens, doivent guider nos Commissions dans la révision des Usages ruraux. Je n'ai voulu et ne veux me mêler en rien au conflit regrettable qu'a fait naître l'art. 58 du *Recueil des Usages de l'arrondissement de Laval* entre notaires et experts. Je compte et ai toujours compté dans l'une comme dans l'autre de ces corporations de bons et nombreux amis, et ne voudrais à aucun prix favoriser les intérêts de l'une au détriment de ceux de l'autre.

Ma brochure du 20 mai 1905 sur cette matière, venant après les recommandations de M. le Président Bordeaux-Desbarres à la réunion du 2 février 1901, me paraissait de nature à éviter l'écueil de légiférer si commun dans ces sortes de travaux. Je m'étais trompé et me vois obligé de revenir à cet article 58 dont le distingué Président de la Chambre des experts, M. Landelle, proclame les bienfaits dans son rapport du 20 novembre 1905.

II

Je combats cet article parce que les dispositions qu'il consacre me paraissent contraires à l'ordre, à l'intérêt public, aux lois impératives par lesquelles le législateur a voulu garantir le droit de propriété (art. 444, 445 et 446 C. civ.). En effet la faculté qu'a tout propriétaire, grand ou petit, de disposer de sa chose à son gré, de la conserver ou de la vendre, à qui et aux prix et conditions qui lui conviennent, d'en user et même d'en abuser, est un attribut *essentiel* du droit de propriété. Or l'art. 58 supprime cette faculté au profit du propriétaire.

Mon honorable contradicteur dit dans son rapport que la loi donne force de loi à l'usage et il cite l'art. 1777 C. civ., le Code Perrin n° 3484, l'opinion de Demolombe et de Carré. — Nous sommes en cela parfaitement d'accord (Voir ma brochure sous le titre l'*Usage obligatoire*, pp. 2 et 3); mais puisqu'il cite le Code Perrin, M. Landelle eût bien dû se reporter aux n°ˢ 3490 et 3491 où il est dit que les habitudes contraires à la loi et que l'usage qui serait contraire à l'ordre ou à l'intérêt public ne sauraient être maintenus. — M. Landelle entend sans doute soutenir que *l'usage prévaut toujours contre la loi*. Un récent arrêt de la Cour d'Angers (20 janvier 1906) semble lui donner raison dans ses attendus ainsi conçus : « Attendu qu'aux termes de l'art. 1135 C. civ.... Attendu en conséquence que pour tout ce qui n'a pas été expressément prévu... les parties doivent se conformer aux usages locaux... Qu'il résulte des documents de la cause que si l'art. 58 des *Usages locaux de l'arrondissement de Laval* a soulevé quelques critiques particulières, son application n'en est pas moins constante, etc. »

Mais il ne faut pas prêter à ces considérants une importance qu'ils n'ont pas : la Cour n'avait pas à se prononcer sur la validité de l'art. 58. *Le litige ne portait* que sur le choix de l'expert chargé de procéder à l'estimation du bétail devant rester sur le lieu. Or les époux Leveau ayant accepté la nomination de l'expert, qu'ils avaient même dispensé du serment, avaient tacitement consenti à laisser leur bétail sur la ferme ; l'ordonnance de M. le Président était inattaquable ; la Cour ne pouvait que la confirmer et on ne s'explique pas qu'on ait interjeté appel.

Les attendus sus rapportés étaient donc surabondants et n'ont pas retenu l'attention de la Cour.

Quoi qu'il en soit, je ne crois pas qu'on puisse citer un seul auteur, ni une seule décision judiciaire consacrant cette doctrine dans ces termes si absolus que l'*usage prévaut toujours contre la loi.*

Au contraire la Cour de Cassation a jugé le 12 novembre 1856 (Dalloz, 1856, 1,395) que la substitution du régime de l'usage à celui de la loi doit toujours être expressément stipulé (Watrin, p. 1024, et Trib. de Rethel, 20 mars 1901), c'est-à-dire que l'usage ne prévaut jamais contre la loi.

Cette même doctrine résulte d'un jugement du tribunal de Mayenne du 1er décembre 1846, confirmé par la Cour d'Angers le 12 mars 1847, et d'un autre jugement du tribunal de Mayenne du 21 janvier 1891, portant : « Considérant que l'art. 1775 ne se réfère pas aux usages locaux ; que le tribunal n'a donc pas à rechercher quels sont dans le canton de Gorron les usages, lorsqu'il s'agit de baux faits dans les conditions prévues et réglées par les deux articles précités (art. 1774 et 1775).... »

Enfin, il n'est contesté par personne *que les usages ne sont et ne peuvent être que la manifestation des besoins de ceux qui s'y soumettent.* Or, le prétendu usage de l'art. 58 ne répond à aucun besoin du cultivateur ; il n'est, au contraire, que la manifestation d'exigences excessives qu'il est obligé de subir et que l'on ne rencontre dans aucun pays.

L'honorable M. Landelle ne peut admettre que la Commission de 1858, dont tous les membres étaient éminents (tous éminents, je le veux bien, mais infaillibles, non) ait pu faire publier, sous le titre *Recueil des Usages de l'arrondissement de Laval*, des usages qui ne seraient pas *constants* et *reconnus*. Il en est pourtant ainsi, et je crois l'avoir démontré d'une façon irréfutable, avec preuves à l'appui, pages 8 et suivantes de ma brochure.

En voici d'autres preuves. La Commission de 1858 n'a pas tenu compte de l'art. 42 du *Recueil de Chailland*, d'après lequel le fermier sortant fait les grains de printemps, ni du *Recueil de Meslay* de 1857 qui reconnaît au sortant le droit de disposer de son bétail. Elle n'a pas tenu compte non plus des articles 40, 41, 42, 43, 44 et 45 du *Recueil de Chailland* que cependant les experts appliquent toujours, en ce sens que, tenant compte de l'art. 63 du *Recueil de l'arrondissement de Laval*, ils allouent des indemnités au fermier sortant, lorsque son entrée est antérieure à l'année 1858. Cette Commission a donc bien légiféré, comme propose aujourd'hui de le faire mon contradicteur et comme l'ont proposé les rapporteurs à la Chambre des notaires et à celle des experts.

Je combats en outre l'art. 58 parce que le prétendu usage qu'il consacre n'est ni *constant* ni *reconnu* ; parce qu'il n'est établi nulle part *consensu omnium*, c'est-à-dire avec le consentement de tous, parce que nulle part on ne pourra dire *avec certitude*, qu'à défaut d'écrit, les parties ont entendu s'y référer.

On prétend qu'il est suivi dans tout l'arrondissement de Laval et on en donne comme raison que le tribunal de Laval et la Cour d'Angers l'ont toujours reconnu et que, chaque fois qu'il plaît au propriétaire de l'exiger, il peut retenir sur sa ferme les bestiaux du fermier sortant. Ce sont là des vérités que personne ne conteste. C'est précisément parce que l'art. 58 trompe les tribunaux en leur faisant croire à un usage généralement suivi qui n'existe pas, ou qui tout au moins ne s'étend pas à l'arrondissement tout entier, que nous demandons sa suppression. C'est parce qu'il permet au propriétaire d'exiger de son fermier une obligation à laquelle ce dernier n'a pas entendu souscrire, que nous trouvons injuste de le maintenir.

Dans tous les cas, il est bon de remarquer que les décisions judiciaires ne prononcent que sur les cas spéciaux qui leur sont soumis et qu'on ne saurait conclure des décisions rendues, que les tribunaux de Laval et d'Angers admettent comme obligatoire dans l'arrondissement tout entier l'usage de l'art. 58. Ainsi le dernier arrêt plus haut cité n'avait à statuer qu'en ce qui concerne la ferme de la *Mauvoisinière*, pas même sur les autres localités de la commune dont elle dépend.

Nous avons démontré dans notre brochure que l'usage dont il s'agit n'existait pas dans les cantons d'Évron et Sainte-Suzanne, ni dans une partie de celui de Meslay.

Dans celui de Chailland, les deux tiers des fermiers à prix d'argent disposent encore de leurs bestiaux à leur sortie. En effet nous avons sous les yeux : 1° la liste de 21 ventes aux enchères de bestiaux après cessation de culture, faites par le notaire de Juvigné, du 11 mars 1890 au 25 mars 1906, c'est-à-dire en 16 ans ; 2° celle de 6 ventes par le notaire de la Baconnière, d'octobre 1893 à avril 1905, c'est-à-dire en 11 ans 1/2 ; 3° de 20 par celui de Chailland, du 12 avril 1891 au 20 avril 1906, soit en 15 ans. Nous n'avons pas de renseignements sur l'étude d'Andouillé, mais, comme elle est de beaucoup la plus importante, on peut au minimum lui attribuer une vente par an. Ces 4 notaires font donc chaque année de 4 à 5 ventes de bestiaux. Si on ajoute à ces chiffres le nombre aussi considérable des cultivateurs qui vendent leurs bestiaux en foire, et ceux qui les emmènent dans leurs nouvelles exploitations, nous arrivons à 10 ou 12 mutations de cultivateurs ayant chaque année disposé de leurs bestiaux à leur sortie, et cela depuis quinze ans, c'est-à-dire les deux tiers environ.

D'autre part, sur 70 baux reçus par M⁰ Avril, de 1897 à 1905, 27 seulement constatent que le propriétaire s'est réservé la faculté (dont il n'use pas toujours) de retenir les bestiaux, et 43 que le fermier en disposera à son gré.

Il résulte donc bien de ces documents que l'art. 58 n'est suivi dans le canton qu'une fois sur trois.

III

Il ne faut jamais perdre de vue que le seul but que nos Commissions aient à poursuivre, c'est d'assurer la saine interprétation de la volonté des parties et l'exécution loyale et sincère de leurs conventions non écrites.

Il est difficile de persuader les partisans de l'art. 58 (parce qu'ils ne veulent pas l'être) qu'ils n'ont pas à s'occuper de l'intérêt de l'agriculture qui n'est pas en cause. Ils éludent constamment le débat en parlant intérêt agricole quand il s'agit de justice.

Mais en admettant, ce que je conteste, qu'il y eût avantage pour l'agriculture à ce que nos Commissions fissent des règlements obligatoires, en substituant aux usages réellement suivis de prétendus usages qui ne le seraient pas, ou, ce qui est la même chose, en prêtant à certains usages une extension qu'ils n'ont pas, elles ne le pourraient pas, quelque considérables que fussent ces avantages, parce que cette substitution ou cette extension auraient pour conséquence inévitable d'attribuer à l'un ce qui appartient à l'autre.

D'ailleurs le meilleur service qu'on puisse rendre à l'agriculture, n'est-ce pas encore de la préserver contre l'injustice, en lui apportant des renseignements d'une exactitude absolue qui assureront aux propriétaires et aux fermiers le respect des engagements verbaux qui leur auront été souscrits ?

A ce point de vue, l'art. 58 a un intérêt surtout moral ; mais il ne peut servir à diminuer les charges de l'agriculture ni les frais du fermier sortant. Les discussions passionnées et irritantes auxquelles il a donné lieu ne peuvent s'expliquer que par des considérations d'amour-propre. On a trop longtemps vanté ses avantages pour reconnaître qu'on s'est trompé. En effet, qu'on le maintienne ou qu'on le supprime dans le nouveau recueil, rien absolument ne sera changé : c'est l'évidence même en cas de maintien ; il en sera de même en cas de retrait, car il n'est pas douteux que tous les propriétaires qui tiennent à l'application de cet article et qui confient la gestion de leurs fermes aux experts de Laval, en feront une condition expresse dans des baux écrits, ce qui aura l'avantage appréciable d'éviter à l'avenir tout malentendu. Il y aura donc exactement autant de fermiers qu'aujourd'hui tenus de laisser leur bétail sur la ferme à leur sortie et par suite autant d'estimations par les experts, autant de ventes devant notaires et autant de frais pour les cultivateurs.

IV

Nous ne pouvons donc attribuer à un intérêt matériel qui n'existe pas, les exagérations, les déductions étranges, les contradictions nombreuses que l'on s'étonne de trouver sous la plume d'hommes sérieux et graves, rompus aux affaires, d'une intelligence et d'un caractère élevés.

Ainsi mon honorable contradicteur prétend que pendant mes 26 ans d'exercice comme notaire, il a été payé aux notaires de l'arrondissement pour frais de vente 1.913.625 francs de plus qu'il n'aurait été payé aux experts si les bestiaux étaient restés sur les fermes, au lieu d'être vendus, puis il écrit : « Est-ce en augmentant les charges de l'agriculture, c'est-à-dire en lui faisant payer, en outre des impôts et charges de toute nature, une somme de deux millions que l'on empêchera l'exode des campagnes vers les villes ? »

Si ce fâcheux résultat a pu se produire sous l'empire de l'art. 58 obligatoire, à quoi peut-il bien servir ? Il n'y a qu'à le supprimer si l'on ne veut prolonger cet état désastreux. C'est à quoi nous avons toujours conclu.

Mais examinons par quels moyens et sur quelles données mon honorable contradicteur est parvenu à ce chiffre à grand effet de deux millions.

Nous lisons dans son rapport : « Pendant 26 ans d'exercice, M. Guéranger a fait environ 150 ventes mobilières *et par conséquent* 150 ventes de bestiaux. »

La conclusion qu'il tire peut d'autant moins se justifier que dans mon opuscule qu'il cite, il avait lu quelques pages plus haut (p. 17) : « La diminution.... car dans notre arrondissement le fermier sortant a pris la bonne habitude de *vendre ses bestiaux en foire*, ou tout au moins *la plus grande partie.* »

Sur 150 ventes après cessation de culture, il faut, en effet, en compter la moitié dans lesquelles le matériel seul est vendu. Voici un exemple tout récent : A la Saint-Georges 1905, trois mutations de fermiers à prix d'argent (qui ont pu disposer à leur sortie de leurs bestiaux) ont eu lieu à ma connaissance dans le canton de Chailland, une à Juvigné et deux à Chailland. Mᵉ Poisson a vendu les bestiaux du fermier de Juvigné ; l'un des fermiers de Chailland a emmené les siens dans sa nouvelle exploitation ; et l'autre a conduit les siens à une foire d'Ernée, et le notaire, Mᵉ Avril, n'a vendu que le matériel. Ainsi sur trois mutations, une seule vente de bestiaux.

C'est une grave erreur de croire que le fermier sortant mésuse de la liberté qu'il a de disposer de ses bestiaux, qu'il ne sait pas en tirer le meilleur parti possible et qu'il gaspille en frais inutiles et ruineux sans compter. Il n'expose généralement en vente aux enchères que les bestiaux dont il sait retirer un prix suffisamment rémunérateur pour couvrir et au delà les frais de vente, et, le plus souvent, que quelques têtes de bétail seulement, pour favoriser la vente de son matériel. Aussi la moyenne des ventes ne doit-elle pas dépasser 2.000 francs et le chiffre de 5.000 francs sur lequel table M. Landelle est certainement majoré de plus de moitié. Voilà donc déjà les deux millions réduits à une somme bien inférieure à 500.000 francs. Mais soyons larges, aeceptons 500.000 francs.

Ce n'est pas tout ! En basant ses calculs sur la moyenne d'une étude située près des limites de la Sarthe (dans ce département les fermiers vendent presque toujours leurs bestiaux aux enchères), M. Landelle a commis une erreur bien plus grande encore. Dans les cantons de Laval, Argentré, Montsûrs et Loiron, les notaires ne font presque pas de ventes de bestiaux. Nous avons vu plus haut que les 4 notaires du canton de Chailland n'en font en moyenne que de 4 à 5 chaque année. Aussi si j'ai procédé, pendant 26 ans d'exercice, à 70 ou 80 ventes de bestiaux, il est certain que les notaires de Laval, par exemple, n'en ont peut-être pas fait 50 à eux huit ; peut-être même pas 40. Pour arriver à son résultat, M. Landelle a multiplié par un chiffre de 6 à 10 fois trop élevé. Admettons 6 fois seulement : le 6ᵉ de 500.000 francs donne 83.333 francs. C'est donc 83.333 francs que nos cultivateurs de l'arrondissement auraient payé de plus pour frais de vente aux notaires, qu'ils n'auraient payé aux experts s'ils eussent laissé leurs bestiaux à dire d'expert, et cela pendant les vingt-six ans de mon exercice, ce qui donne par an 3.200 francs pour l'arrondissement tout entier.

En admettant comme juste ce chiffre, qui est un maximum, j'ai la conviction que, loin d'être en perte, les cultivateurs sortants ont réalisé un bénéfice bien des fois supérieur à cette somme par le prix plus élevé qu'ils ont obtenu tant de leur bétail que de leur matériel, et ils ont, en outre, évité les frais d'experts.

Voilà qui prouve que nos cultivateurs ne sont point aussi inintelligents qu'on semble le croire. Ils sont, au contraire, parfaitement capables d'apprécier où est leur intérêt : s'ils doivent vendre leurs bestiaux aux enchères, en totalité ou en partie, ou les céder à leurs successeurs, et j'estime que les personnes qui redoutent pour eux de leur laisser la liberté de le faire peuvent être bien tranquilles. Elles n'ont point non plus à craindre que cette liberté les dispose à abandonner la campagne pour la ville : le contraire seul peut se soutenir avec avantage, car c'est un bien singulier moyen de les attacher à la terre que de les dépouiller d'une faculté qui appartient à tous les autres citoyens, en ne leur laissant qu'un droit amoindri de propriété sur leur bétail.

V

Mon honorable contradicteur admet assurément les véritables principes en la matière qui nous occupe, principes si lumineusement exposés par M. le président Bordeaux-Desbarres à la réunion du 2 février 1901, puisqu'il les rappelle dans son rapport et qu'il convient en termes formels que l'on ne doit admettre que les usages *constants* et *reconnus*. Or, à chaque fois qu'il s'agit de les appliquer, il s'y oppose :

1° Ces principes exigent que nos commissions *se bornent à recueillir et constater les usages suivis*, c'est-à-dire pratiqués depuis longtemps. M. Landelle a proposé et propose encore l'adoption d'usages nouveaux.

2° Ils exigent, ces principes, que les *usages soient recueillis tels qu'ils sont suivis dans les différents cantons, sans qu'on y apporte aucunes modifications quelles qu'elles soient et quelque désirables qu'elles puissent paraître*. M. Landelle demande au contraire qu'ils soient *améliorés* et les mêmes dans tous les cantons. Il se plaint de ce que les experts n'aient pas été appelés en plus grand nombre dans nos commissions, non dans le but de les bien renseigner, mais pour signaler les inconvénients de certains usages afin d'y apporter *des modifications*. « Est-ce vraiment, lit-on dans son rapport, le but que s'est proposé le législateur en demandant d'améliorer les usages ? » Certes, tout le monde désire l'amélioration des usages, mais le législateur seul pourrait en apporter quelques-unes, par exemple : fixer des dates uniformes pour le commencement des baux, déterminer les délais de congé, les principales conditions d'entrée et de sortie des fermiers, etc. Mais nos commissions ne le peuvent, et je me demande quand et à quelle occasion le législateur a pu faire connaître le but que lui prête mon contradicteur ?

3° M. Landelle se réclame de la loi qui renvoie, pour l'interprétation de la volonté des parties, aux usages *constants*, c'est-à-dire anciens, constamment suivis, et *reconnus*, c'est-à-dire admis par tous, sans contestation aucune. Mais est-ce que l'usage de l'art. 58, par exemple, est constamment suivi dans les cantons de Sainte-Suzanne et d'Évron ? Est-ce qu'il y est reconnu, c'est-à-dire accepté par tous dans ces mêmes cantons ? N'est-il pas, au contraire, contesté non seulement dans ces cantons, mais dans ceux de Meslay et autres ?

Ces contestations sont constatées par M. Landelle lui-même dans son rapport.

VI

Il semble résulter de ces contradictions que l'honorable président de la Chambre des experts a le plus grand désir de se conformer à la loi, mais qu'il ne peut s'y résoudre. Il voudrait, comme certains notaires, comme les experts de Laval et de Mayenne, comme l'a fait la Commission de 1858, que nos Commissions substituassent leur volonté à celle de la loi et fissent œuvre de législateur.

Mais nous espérons bien qu'elles n'y consentiront pas parce qu'elles n'en ont pas le droit ; parce qu'en le faisant, elles apporteraient à la justice de faux témoignages et donneraient des armes à la mauvaise foi.

D'ailleurs, en supposant que des commissions comme les nôtres fussent investies du pouvoir de faire les lois locales que demandent mes contradicteurs, elles ne devraient pas être composées de la même façon.

D'abord, MM. les Présidents des tribunaux et les juges de paix en seraient nécessairement exclus, car la confusion des pouvoirs législatif et exécutif enlèverait au justiciable tout moyen d'obtenir justice. Comment, en effet, pourrait-il, avec quelque chance de succès, demander à un juge la nullité d'un article du règlement (l'art. 58 par exemple) qui serait son œuvre de législateur ?

Les experts, en tant que régisseurs de propriétés, ne pourraient pas davantage faire partie de ces commissions chargées de régler les droits et les devoirs respectifs des propriétaires et des fermiers, car, sans compter l'intérêt personnel qu'ils peuvent avoir, ils sont tenus, par une obligation étroite de leur profession, de veiller aux intérêts des propriétaires. Et la première condition pour tenir la balance égale entre les parties, sans pouvoir être taxé de partialité, est d'être désintéressé.

Ces commissions devraient, à l'exemple de celle du recueil des cantons d'Évron et de Sainte-Suzanne dont j'ai donné la composition dans ma brochure, comprendre, indépendamment des experts *non régisseurs de propriétés*, des propriétaires et des cultivateurs en nombre égal.

Je crois avoir démontré que les cultivateurs n'ont aucun intérêt au maintien de l'art. 58 ; au contraire, qu'il n'en résulterait pour eux aucune diminution de frais. Cependant, pour les partisans de son maintien, le grand argument, c'est l'intérêt des cultivateurs. C'est uniquement au nom de cet intérêt que l'on soutient, de bonne foi, que les propriétaires doivent tenir à les priver de la liberté de disposer de leur bétail à leur sortie et se réserver le privilège de le retenir sur leurs terres, et cela en vertu d'une loi spéciale.

Je tiens à faire observer, en terminant, que c'est là une théorie bien dangereuse qui justifie toutes les injustices, toutes les spoliations, toutes les violences.

Chailland.

LAVAL. — IMPRIMERIE A. GOUPIL.

EN PRÉPARATION.

DICTIONNAIRE PRATIQUE

DE

DROIT RURAL

ET DES

USAGES RURAUX DU DÉPARTEMENT DE LA MAYENNE

PAR

G. GRIMOD
Docteur en Droit
AVOCAT A LAVAL

H. GUÉRANGER
Ancien Notaire
JUGE DE PAIX DE CHAILLAND